PRÉFECTURE
D'EURE-ET-LOIR
—
2° DIVISION

1ᵉʳ BUREAU

ASSISTANCE - RETRAITE

Chartres, le 29 mai 1911.

INSTRUCTIONS RELATIVES A L'APPLICATION
DES ARTICLES 7 ET 36 DE LA LOI DU 5 AVRIL 1910

*Le Préfet d'Eure-et-Loir à Messieurs les Sous-Préfets,
à Messieurs les Membres des Commissions d'admission à
l'assistance-retraite et des Commissions d'appel et Messieurs les Maires du Département.*

Pour faciliter la tâche des Commissions d'admission à l'assistance-retraite et des Commissions d'appel, M. le Président
du Conseil, Ministre de l'Intérieur et des Cultes a fait préparer
une notice offrant un commentaire aussi concis que possible
de la loi de 1905 dans ses rapports avec l'application de la
loi des retraites.

Vous trouverez ci-après le texte de cette notice qui repro-
duit en annexes :

1° Le texte du règlement d'administration publique du 24
mars 1911 ;

2° Un tableau des taux d'allocations mensuelles donnant
pour chaque département le taux le plus faible et le plus élevé,
actuellement applicables aux assistés de la loi du 14 juillet 1905 :
cette indication est nécessaire pour déterminer le taux de
l'assistance-retraite à l'égard des personnes ayant un domicile de secours départemental, ainsi qu'il est précisé dans la
notice sous le paragraphe : « Allocation mensuelle de base.
Domicile de secours ».

En possession de ces documents, les Commissions d'admission devront procéder sans retard à l'examen des demandes
présentées. Elles pourront ainsi, dès à présent, préparer des

décisions provisoires qu'elles rendront officielles et définitives, dans la première des réunions qu'elles tiendront à partir du 3 juillet prochain, date d'application de la loi du 5 avril 1910. C'est seulement alors qu'il y aura lieu d'envisager les recours éventuels contre les décisions des Commissions d'admission.

Pour que les paiements puissent être effectués dès le 1er août aux premiers bénéficiaires, *comme cela est indispensable,* il est nécessaire que la réunion où seront ainsi régularisées les décisions provisoires ait lieu à une date aussi rapprochée que possible du 3 juillet. J'appelle tout spécialement sur ce point l'attention de MM. les Sous-Préfets.

J'ai l'honneur de vous prier, Messieurs, de vous inspirer de ces instructions et de conserver soigneusement ce fascicule, qui ne sera pas réimprimé et auquel vous aurez besoin, dans l'avenir, de vous reporter souvent.

Le Préfet d'Eure-et-Loir :

R. LE BOURDON.

ASSISTANCE-RETRAITE

(Loi du 5 avril 1910, art. 7 et 36, § 11.)

Notice.

La présente notice est destinée à préciser et à faciliter la tâche des membres de la Commission chargés, en vertu du décret portant règlement d'administration publique du 24 mars 1911, de dresser la liste des bénéficiaires de l'assistance-retraite (art. 7 et 36 de la loi du 5 avril 1910 sur les retraites ouvrières et paysannes).

Conditions d'admission.

Il faut, pour qu'un postulant obtienne ce bénéfice, qu'il remplisse d'abord les conditions suivantes :

1. *Etre Français.*

S'il est devenu Français par naturalisation, il faut, d'après l'article 40 de la loi du 5 avril 1910, qu'il ait été naturalisé avant l'âge de 50 ans (d'où nécessité de vérifier la date exacte du décret de naturalisation).

La loi ne parle point des *réintégrations* dans la qualité de Français. Le doute doit bénéficier aux intéressés, c'est-à-dire qu'une femme ayant perdu la qualité de Française par son mariage avec un étranger, doit être, dès sa réintégration, à quelque âge que celle-ci ait eu lieu, considérée comme remplissant la condition de nationalité précitée. Mais il faut bien entendu que cette réintégration ait été légalement effectuée.

En cas de doute, c'est à l'intéressé à établir qu'il est Français.

2. *Avoir, le 3 juillet 1911, plus de 65 ans et moins de 70 ans,* donc être né entre le 2 juillet 1841 et le 3 juillet 1846.

Le postulant né le 2 juillet 1841, ou avant cette date, aurait au 3 juillet 1911 70 ans révolus ; il serait donc tributaire de la loi du 14 juillet 1905, c'est-à-dire que, d'une part, sa demande devrait être examinée selon la procédure instituée par cette loi, et que, d'autre part, s'il a droit à l'assistance, il devrait toucher non pas la moitié de l'allocation mensuelle, mais le plein de celle-ci (sauf déductions provenant de ressources).

Le postulant né le 3 juillet 1846 ou à une date postérieure, n'aurait pas, au 3 juillet 1911, 65 ans révolus ; il serait donc tributaire, non plus de l'assistance-retraite, mais de la période transitoire des retraites déterminée au dernier paragraphe de l'article 4 de la loi du 5 avril 1910.

Il est à remarquer, d'ailleurs, que, dans l'un ou l'autre cas, l'intéressé né entre les deux dates susvisées a intérêt à ne pas demander l'assistance-retraite dont la quotité est toujours inférieure au bénéfice qu'il est appelé à retirer, soit, s'il a 70 ans révolus, de la loi du 14 juillet 1905, soit, s'il n'a pas 65 ans, de l'application de l'article 4 de la loi du 5 avril 1910.

L'examen de l'âge exact du postulant est donc essentiel. Si une demande était mal orientée, il en résulterait pour l'intéressé de fâcheux retards.

3. *Être compris dans l'une des catégories définies par la loi de 1910,* c'est-à-dire être ou bien salarié de l'industrie, du commerce, des professions libérales, de l'agriculture, ou serviteur à gage, ou salarié de l'État (non placé sous le régime des pensions civiles ou militaires), ou salarié des départements ou communes.

S'il n'est point un tel *salarié,* il faut qu'il soit métayer, fermier, cultivateur, artisan, petit patron, mais sous la condition qu'il travaille *seul* ou *avec un seul ouvrier*. L'article 36 de la loi de 1910 précise sur ce point le sens qu'il faut attribuer aux mots « travailler seul » en ce qui concerne les membres de la famille : un ouvrier qui travaille avec des membres de sa famille est considéré comme travaillant seul *à la condition que ceux-ci habitent avec lui,* et il importe peu qu'il leur donne ou non un salaire.

La loi dit « les membres de la famille ». Cette expression très large ne comprend pas seulement la ligne directe.

4. *Être privé de ressources,* c'est-à-dire disposer de ressources entrant en compte pour la déduction, et dont la quotité, évaluée pour un mois, soit inférieure à l'allocation mensuelle de base. Pour appliquer cette formule, il faut donc déterminer deux éléments : d'une part l'allocation mensuelle de base, d'autre part les ressources entrant en compte pour les déductions.

A. — Allocation mensuelle de base. — Domicile de secours.

L'allocation mensuelle de base dépend du domicile de secours. Cinq cas peuvent ici se présenter :

1. L'intéressé, qui réside par exemple à Reims, a son domicile de secours à Reims. L'allocation mensuelle de base sera le taux adopté par le Conseil municipal de Reims pour l'application de la loi du 14 juillet 1905.

2. L'intéressé, résidant à Reims, a son domicile de secours dans une autre commune (de la Marne ou d'un autre département).

L'allocation mensuelle de base sera le taux de la loi de 1905 adopté dans cette deuxième commune : ce sera donc, selon les cas, 5 francs, 6 francs..., ou enfin 30 francs, si Paris est la commune du domicile de secours.

3. L'intéressé, résidant à Reims, n'a pas de domicile de secours communal ; il a un domicile départemental, et dans la Marne.

L'allocation sera le taux de Reims, soit 15 francs.

4. L'intéressé, résidant à Reims, a un domicile départemental, mais dans un autre département que la Marne. Ce sera sans doute le cas le plus rare.

L'allocation sera le taux de Reims, soit 15 francs, à la condition que, dans le département du domicile de secours, les taux communaux ne soient pas tous inférieurs ou tous supérieurs à 15 francs. Si le plus petit de ces taux communaux était de 20 francs, c'est 20 francs qui serait, pour le postulant envisagé résidant à Reims, l'allocation de base. Si le plus grand de ces taux communaux était de 12 francs, c'est 12 francs qu'il conviendrait de choisir.

5. L'intéressé, résidant à Reims, n'a aucun domicile de secours, communal ou départemental.

L'allocation mensuelle de base sera le taux de Reims, soit 15 francs.

On voit donc qu'il est nécessaire de déterminer le *domicile de secours*.

Il appartiendra spécialement à M. le Sous-Préfet, dans le cas où l'intéressé paraîtra avoir son domicile de secours dans une autre commune, de se renseigner sur le taux adopté dans celle-ci pour l'application de la loi de 1905.

D'autre part, dans le cas où l'intéressé paraîtra avoir un domicile-départemental dans un autre département, il faudra connaître le taux minimum et le taux maximum adopté par les communes de ce second département ; on trouvera en annexe à la présente notice un tableau qui fournit ces renseignements.

Mais, dans aucun cas, la Commission ne doit ajourner sa décision en ce qui concerne une demande, pour la raison que le domicile de secours du postulant ne lui paraît pas encore nettement déterminé. Si les renseignements nécessaires pour déterminer ce domicile ne sont pas encore parvenus ou si, en dépit de ces renseignements, il y a doute sur cette détermination, à cause des circonstances particulières de l'espèce, la Commission admettra *provisoirement* comme allocation mensuelle de base le taux de la commune de résidence. Le Sous-Préfet prendra note spéciale de ces espèces et si, ultérieurement, le domicile de secours peut être fixé avec certitude, il demandera à la Commission de diminuer ou d'augmenter, s'il y a lieu, l'allocation mensuelle fixée à titre provisoire.

JURISPRUDENCE EN MATIÈRE DE DOMICILE DE SECOURS.

Voici les règles principales prescrites par la loi de 1905 et précisées par la jurisprudence du Conseil d'État, qui déterminent le domicile de secours.

1. Le domicile est fixé, consolidé, à 65 ans ; les change-

ments de résidence de l'intéressé postérieurs à cet àge n'ont aucun effet. Il faut donc examiner ce qu'était le domicile de secours de l'intéressé, le jour où celui-ci a accompli sa 65ᵉ année.

2. Les résidences ne sont à considérer qu'à partir du 1ᵉʳ janvier 1902.

3. Le domicile s'acquiert dans une commune ou dans un département par cinq années de résidence habituelle dans cette commune ou dans ce département.

4. Une fois acquis, le domicile se perd par une absence ininterrompue de cinq années.

5. N'est pas considéré, au point de vue de la détermination du domicile de secours, comme ayant cessé de résider habituellement en un lieu, celui qui a quitté ce lieu provisoirement pour une courte absence, en vue d'un objet déterminé; exemples : l'ouvrier résidant en A qui va dans la commune B faire la moisson ou qui va dans la ville C se faire soigner à l'hôpital.

6. Le domicile de secours dépend d'une *résidence de fait* : par exemple, l'intéressé qui, pendant une période légale de cinq ans, a vécu dans une commune, couchant, faute de logis, dans les terrains vagues et les fours à plâtre, a un domicile de secours dans cette commune.

7. Le temps passé dans un établissement hospitalier, même privé, situé dans le lieu habituel (commune ou département) de la résidence, entre en compte pour l'acquisition du domicile de secours (communal ou départemental). Il n'y entre pas si ledit établissement est situé ailleurs.

8. Mais est considéré comme faisant en quelque sorte partie du territoire d'une commune A un hôpital, asile, colonie hospitalière, sis sur une autre commune, mais dépendant administrativement de A.

9. Le temps passé dans un asile d'aliénés ou dans un établissement pénitentiaire n'entre pas en compte pour la détermination du domicile de secours.

10. Cas de réintégration dans la qualité de Français. La résidence, avant la naturalisation ou la réintégration, dans une commune ou un département, compte, au même titre que la résidence postérieure à l'acte envisagé, pour l'acquisition du domicile de secours dans la commune ou le département.

11. *Règles spéciales à la femme mariée.* La femme mariée a le domicile de secours du mari.

Les veuves, les femmes divorcées ou séparées de corps, les femmes abandonnées par leur mari, conservent le domicile de secours antérieur à la dissolution du mariage ou à l'abandon du mari, mais peuvent, par suite d'un séjour librement choisi, acquérir un nouveau domicile de secours.

B. — Ressources à déduire.

La loi du 14 juillet 1905 s'exprime ainsi (article 20) : « Au cas où l'intéressé dispose déjà de certaines ressources, la quotité de l'allocation est diminuée du montant de ces ressources ».

Mais trois catégories de ressources sont, au point de vue des déductions, privilégiées, savoir :

1° Le produit du travail ; 2° le produit de l'épargne ; 3° le produit de la bienfaisance privée.

Pour les personnes envisagées ici demandant le bénéfice de l'assistance-retraite, comme pour les vieillards âgés de 70 ans demandant le bénéfice de la loi de 1905, le produit du travail, quelle que soit sa valeur, n'entre pas en compte, est considéré comme inexistant.

Les revenus annuels consolidés provenant de l'épargne ne sont déduits que pour la moitié de leur valeur dépassant 60 francs ou 120 francs, selon que l'intéressé a élevé moins de trois ou au moins trois enfants jusqu'à l'âge de seize ans.

Il s'agit de revenus « consolidés » tels que : pension de retraite (servie par la Caisse Nationale des retraites, par une société de secours mutuels, par une compagnie d'assurances, etc...).

Les ressources « fixes et permanentes de la bienfaisance privée » entrent en déduction pour la moitié seulement de leur valeur. Le type de ces ressources privilégiées est la pension viagère léguée à un ancien serviteur. Des ressources provenant de la bienfaisance privée qui n'auraient point de caractère de fixité et de permanence, seraient considérées comme inexistantes.

Les ressources ne rentrant pas dans l'une ou l'autre des trois catégories ci-dessus ne jouissent point de privilège, c'est-à-dire qu'elles sont considérées comme ressources ordinaires et qu'à ce titre elles entrent en déduction pour le plein de leur valeur. Nous en examinerons spécialement quelques-unes.

La rente payée à un ouvrier à la suite d'un accident du travail.

La pension servie à la veuve d'un salarié, après la mort de son mari retraité.

Les secours permanents alloués par le Ministère de la Guerre, le Ministère de la Marine ou la Caisse des Offrandes nationales ; au contraire, les secours éventuels attribués à intervalles irréguliers n'entrent pas en compte pour les déductions.

- Un capital mobilier possédé par l'intéressé, par exemple sous forme de dépôt à la Caisse d'épargne.

Il convient, pour évaluer le revenu, d'apprécier l'annuité que produirait ledit capital s'il était placé à capital aliéné, à la Caisse Nationale des retraites pour la vieillesse, c'est-à-dire étant donné l'âge minimum de 65 ans envisagé, s'il était placé au taux de 11,13 pour 100.

Les majorations et allocations prévues au profit des ouvriers mineurs par la loi du 31 mars 1903 et les lois subséquentes constituant déjà, au point de vue financier, une mesure d'assistance, sont considérées comme des ressources non privilégiées et comptées pour le plein de leur valeur dans le calcul des déductions.

Pour évaluer les ressources provenant d'un capital immobilier (maison, champ, outillage agricole ou industriel, matières premières, bétail...) possédé par l'intéressé, on appréciera d'abord la valeur absolue de ce capital, puis on la supposera placée aujourd'hui à capital aliéné, et en appliquant le taux ci-dessus, on en déduira le revenu annuel.

L'aide que les enfants donnaient en fait jusqu'à ce jour, ou que, mis en demeure, ils s'engagent à fournir, constitue une ressource ordinaire.

Une demande ne peut être écartée en raison de ce que les enfants pourraient assurer au postulant une pension alimentaire suffisante. Si les enfants refusent de s'acquitter de leur dette alimentaire, il appartient au Préfet d'apprécier, en faisant état de l'avis exprimé spécialement sur ce point par la commission d'admission, si ce refus est déterminé par un sentiment coupable d'égoïsme ou s'il est justifié par l'état nécessiteux des intéressés ; dans le premier cas, le Préfet exerce contre eux un recours.

Quand le postulant demeure chez un de ses enfants, la commission ne se contente pas d'apprécier la quotité du secours en nature que l'enfant fournit; elle estime le taux de la pension que celui-ci pourrait être condamné par le juge de paix à servir au vieillard dans le cas où il cesserait de l'accueillir à son foyer. Voici, par exemple, dans une commune où le taux est de 15 francs, un vieillard de 68 ans vivant chez un fils, journalier et ayant lui-même des enfants en bas âge. La commission ne saurait écarter la demande du vieillard pour la raison que celui-ci trouve, au foyer de son fils, tout ce dont il a besoin, bien que peut-être cette constatation soit exacte. Une telle décision ne tiendrait pas compte de ceci : que si le fils assure ainsi au vieux père le nécessaire, c'est en s'imposant à soi-même et à ses propres enfants des privations; elle aurait pour effet de punir en quelque sorte le fils de l'effort accompli par lui et de l'inciter à abandonner son père, à le chasser de sa maison. La commission se posera donc la question suivante : « Si ce vieillard vivait ailleurs, quelle pension mensuelle le fils pourrait-il être contraint à lui verser? » La quotité de cette pension, qui dépend des espèces, qui peut être extrêmement réduite, mesurera numériquement, en vue des déductions à opérer, le revenu annuel que le postulant retire normalement de l'aide de son fils.

Il en est de même de l'aide donnée à une femme vieille par un mari encore valide, ou inversement.

Certaines situations de fait exceptionnelles doivent être envisagées. Exemple : Un homme de 68 ans recueilli par une personne non tenue envers lui de la dette alimentaire (frère, neveu, ami), mais de situation aisée et se trouvant en fait largement à l'abri du besoin, ne saurait être considéré actuellement comme privé de ressources.

DÉCISIONS DE LA COMMISSION.

La Commission décide si le postulant doit être ou non admis à bénéficier de l'assistance-retraite. La demande peut être rejetée pour l'un des motifs suivants :

1. Il n'est pas établi que le postulant soit Français.

2. Il n'est pas établi que, devenu Français par naturalisation, le décret de naturalisation soit antérieur à la fin de sa cinquantième année.

3. Le postulant n'avait pas, le 3 juillet 1911, 65 ans révolus.

4. Le postulant avait, à cette date, 70 ans révolus.

1.

5. Le postulant avait, à cette date, de 65 à 70 ans, mais bénéficiait déjà, au titre d'infirme ou d'incurable, de la loi du 14 juillet 1905.

6. Ne rentre pas dans les catégories fixées par la loi du 5 avril 1910 (salarié.... ou, et avec les conditions particulières imposées relativement au nombre des ouvriers, métayer, fermier, etc.).

7. Le postulant a des ressources mensuelles supérieures au taux plein de l'allocation de base. On indiquera en quelques mots les ressources dont il a été fait état.

Si le postulant est admis, la Commission doit fixer la quotité de l'allocation mensuelle. La règle à suivre est simple ; elle comporte les opérations suivantes :

A. Prendre le taux de base défini plus haut.

B. Évaluer s'il y a lieu les ressources mensuelles dont il a été fait état et qu'on indiquera dans la décision.

C. Faire la différence de ces deux sommes.

Cette différence serait l'allocation mensuelle que le postulant devrait toucher s'il avait été admis au bénéfice de la loi du 14 juillet 1905. La loi du 5 avril 1910 dit, en son article 7, que pour ces bénéficiaires de l'assistance-retraite, cette allocation doit être réduite de moitié ; donc :

D. Prendre la moitié de cette différence ; soit S la somme ainsi obtenue.

Le même article dispose que les bénéficiaires envisagés ne pourront pas recevoir plus de 100 francs par an, soit 8 fr. 35 par mois ; donc, en définitive, le postulant recevra par mois une allocation mensuelle égale à S, si S est inférieur à 8,35 ; dans le cas contraire, il recevra l'allocation mensuelle maxima de 8 fr. 35.

Nous appliquerons les règles précédentes à quelques exemples :

Premier exemple.

Le postulant a son domicile de secours à Reims, où l'allocation de la loi de 1905 est fixée à 15 francs. Ses ressources, autres que le produit de son travail, consistent : 1° en une rente de 180 francs que lui sert une société de secours mutuels ; il a élevé au moins trois enfants ; donc cette ressource ne compte, en vue des déductions, que pour la moitié de sa valeur dépassant 120 francs, soit pour la moitié de (180 — 120), c'est-à-dire pour 30 francs par an ou 2 fr. 50 par mois ; 2° en l'aide des enfants. Le postulant a deux enfants. L'un, Jules, aisé, ne donne et ne veut rien donner à son père ; l'autre, Jean, marié, ayant trois enfants en bas âge, a recueilli son père à son foyer. La Commission estime qu'en raison de son modique salaire et de ses charges de famille, Jean ne pourrait pas normalement donner en numéraire à son père, si celui-ci vivait ailleurs, plus de 1 franc par mois. La Commission dira donc :

Le postulant est admis. L'allocation mensuelle de base est 15 francs, dont il y a lieu de déduire 3 fr. 50 par mois en raison de la rente due à l'épargne (2 fr. 50) et de l'aide donnée par le fils Jean évaluée à 1 fr. par mois, reste : 11 fr. 50 dont la moitié est 5 fr. 75.

Le postulant a droit, au titre de l'assistance-retraite, à 5 fr. 75 par mois. Et la Commission indiquera qu'à son avis il y a lieu de faire un recours contre le fils Jules.

Deuxième exemple.

Le postulant, résidant à Reims, où le taux est de 15 francs, a son domicile de secours à Paris, où l'allocation de la loi de 1905 est de 30 francs. Les ressources, autres que le produit de son travail, consistent uniquement dans une rente de 100 francs que lui sert une société de secours mutuels ; il n'a élevé que deux enfants ; cette ressource compte donc pour la moitié de sa valeur dépassant 60 francs, soit la moitié de (100 — 60), c'est-à-dire 20 francs par an ou 1 fr. 66 par mois.

Le postulant n'a qu'un enfant vivant, chez lequel le père ne loge pas, et qui est manifestement indigent. La Commission dira :

Le postulant est admis. L'allocation mensuelle de base est 30 francs, dont il y a lieu de déduire 1 fr. 66 par mois en raison de la rente due à l'épargne. Reste : 28 fr. 34. Dont la moitié est 14 fr. 17.

Le postulant a droit, au titre de l'assistance-retraite, à l'allocation mensuelle maxima de 8 fr. 35 (100 francs par an).

Troisième exemple.

Le postulant, résidant à Reims où le taux est de 15 francs, a un domicile de secours départemental dans un département où l'allocation maxima de la loi de 1905 est de 12 francs. Il n'a d'autres ressources que le produit de son travail. La Commission dira :

Le postulant est admis. L'allocation mensuelle de base est.

de 12 francs. Aucune déduction. Reste 12 francs dont la moitié est 6 francs.

Le postulant recevra 6 francs par mois.

Quatrième exemple.

Le postulant résidant à X... où le taux de la loi de 1905 est de 10 francs, y a son domicile de secours. En dehors du produit de son travail, il n'a d'autre ressource que diverses pièces de terre et une petite maison dont la valeur vénale peut être estimée, pour l'ensemble, à 500 francs. Une somme de 500 francs placée aujourd'hui à capital aliéné produirait un revenu viager calculé, étant donné l'âge actuel du postulant, 66 ans, sur un taux de 11,13 pour 100, soit 55 fr. 65 par an, c'est-à-dire 4 fr. 63 par mois en raison de son capital immobilier estimé à 500 francs. Reste 5 fr. 37 dont la moitié est 2,68.

Le postulant a droit, au titre de l'assistance-retraite, à une allocation mensuelle de 2,70.

Cinquième exemple.

Le postulant et sa femme, tous deux âgés de 66 ans, résident et ont leur domicile de secours dans une commune où le taux de la loi de 1905 est de 12 francs. Ils n'ont, en dehors des produits de leur travail, que : 1° quelques pièces de terre et une maison dont la valeur vénale est estimée, pour l'ensemble, à 500 francs. Soit, sous le régime de la communauté, 250 francs pour chacun, d'où, selon la règle appliquée dans l'exemple précédent, une possibilité de rente viagère de 27 fr. 80 par an, soit 2 fr. 30 pour chacun et par mois ; 2° l'aide d'un fils qui leur donne chaque mois 5 francs, soit 2 fr. 50 à chacun.

La Commission, pour chacun des postulants, dont la demande est individuellement examinée, dira :

Le postulant est admis. L'allocation de base est 12 francs. Dont il y a lieu de déduire 4 fr. 80 en raison de sa part de capital immobilier estimée à 250 francs, et de sa part de l'aide donnée par le fils. Reste 7,20 dont la moitié est 3,60.

Le postulant recevra, au titre de l'assistance-retraite, 3 fr. 60 par mois.

Sixième exemple.

Le postulant réside dans une commune où le taux de la loi de 1905 est de 20 francs. Il a été impossible, jusqu'à ce jour, de déterminer exactement son domicile de secours. Il n'a, en dehors du produit de son travail, aucune ressource connue. La Commission dira :

Le postulant est admis. L'allocation de base est de 20 francs.
Reste 20 francs. Dont la moitié est de 10 francs. Ce postulant
est donc admis au titre de l'assistance-retraite, au taux mensuel maximum de 8 fr. 35 (100 francs par an).

Et d'un mot, bien apparent, souligné, le Président de la
Commission indiquera que cette fixation est *provisoire,* en
raison de l'incertitude relative au domicile de secours.

Point de départ de l'allocation.

La Commission fixe, dans sa décision, le point de départ de
l'allocation. Pour toutes les demandes présentées par les postulants avant le 1er juillet 1911, il conviendrait qu'elle fixât
ce point de départ au 1er juillet. Pour les demandes produites
tardivement, il conviendrait qu'elle fixât le 1er du mois qui
précède ou suit immédiatement la date de la demande. Il serait équitable que, si l'instruction de la demande a subi des
retards du fait de la mairie ou de la sous-préfecture, ce retard
ne préjudiciât pas au postulant.

**Décret du 24 mars 1911, portant règlement d'administration publique pour l'application des articles 7 et 36 § 11
de la loi du 5 avril 1910 sur les retraites ouvrières et
paysannes.**

Le Président de la République Française,

Sur le rapport du Ministre de l'Intérieur et des Cultes, du
Ministre des Finances et du Ministre du Travail et de la Prévoyance sociale ;

Vu la loi du 5 avril 1910 sur les retraites ouvrières et
paysannes, et notamment les articles 7, 36 §§ 11 et 41, ainsi
conçus :

« Art. 7. — Le bénéfice de la loi du 14 juillet 1905 sera
étendu aux personnes visées à l'article 1er, âgées de soixante-cinq à soixante-neuf ans au moment de l'entrée en vigueur de
la présente loi et reconnues admissibles aux allocations de la

loi d'assistance ; mais les sommes qui leur seront attribuées seront limitées à la moitié des allocations accordées par application de cette dernière loi et seront à la charge exclusive de l'État.

« Toutefois, les sommes attribuées chaque année ne pourront être supérieures à 100 francs.

« Un règlement d'administration publique déterminera les conditions spéciales dans lesquelles seront dressées les listes des bénéficiaires du présent article, ainsi que la composition et les attributions des Commissions chargées de statuer sur les allocations et sur les recours. »

« Art: 36 § 11. — L'article 7 de la présente loi est étendu aux personnes visées au deuxième alinéa du présent article...;

« Art. 41. — Un règlement d'administration publique rendu sur la proposition des Ministres du Travail et des Finances déterminera toutes les dispositions nécessaires à l'application de la présente loi, sans préjudice des règlements spéciaux ci-dessus prévus. »

Vu la loi du 14 juillet 1905 sur l'assistance obligatoire aux vieillards, aux infirmes et aux incurables, modifiée par celles des 31 décembre 1907 et 30 décembre 1908 ; ensemble les décrets des 14 avril 1906, 30 mars 1907 et 3 août 1909, portant règlement d'administration publique pour son exécution ;

Vu l'avis du Garde des Sceaux, Ministre de la Justice, du 5 juillet 1910 ;

Le Conseil d'État entendu,

DÉCRÈTE :

ARTICLE PREMIER.

Toute personne qui entend se prévaloir des dispositions des articles 7 et 36 § 11 de la loi du 5 avril 1910, adresse au maire de la commune de sa résidence une demande écrite et signée d'elle, conforme au modèle qui sera arrêté par le Ministre de l'Intérieur.

Si elle ne peut signer sa demande, elle y appose un signe dont l'authenticité est attestée par deux témoins domiciliés dans la commune.

Si elle est incapable de manifester sa volonté, la demande est établie par le maire, assisté de deux témoins.

Le maire donne récépissé de la demande au postulant.

ARTICLE 2.

Le maire communique immédiatement la demande au bureau d'assistance pour avis.

Il transmet, dans le plus bref délai, au sous-préfet de l'arrondissement, avec l'avis du bureau d'assistance et son avis personnel, la demande appuyée des pièces suivantes :

1° Le bulletin de naissance du postulant ;

2° Un extrait du rôle des contributions délivré par le percepteur de sa résidence ;

3° Une attestation délivrée par le maire lui-même et indiquant les diverses ressources dont il est de notoriété publique que le postulant dispose ;

4° Un état relatif aux membres de la famille tenus de la dette alimentaire et faisant connaître, pour chacun de ceux qui résident dans la commune, les nom, adresse, profession, charges de famille, ressources, extrait du rôle des contributions ; pour ceux qui résident en dehors de la commune, tous les renseignements ci-dessus visés qu'il aura pu recueillir ;

5° Une attestation du maire indiquant, à l'égard des membres qui s'acquittent de la dette alimentaire, dans quelles conditions ils le font, et certifiant, à l'égard de ceux qui ne s'en acquittent pas, soit qu'il leur est impossible de s'en acquitter, soit qu'ils ont été mis en demeure de le faire et qu'ils s'y sont refusés ;

6° Un état relatant les renseignements que le maire a pu recueillir en vue de déterminer les diverses communes où le postulant a résidé depuis le 1er janvier 1902.

ARTICLE 3.

Le sous-préfet réunit tous renseignements complémentaires, notamment ceux qui sont nécessaires à la détermination du taux de l'allocation due au postulant ; il les joint au dossier qu'il soumet à la Commission prévue à l'article suivant.

ARTICLE 4.

Il est établi au chef-lieu de chaque canton une commission chargée de statuer sur l'admission de tous les postulants qui résidaient dans une commune du canton au moment où ils ont présenté leur demande ; cette commission est composée du sous-préfet de l'arrondissement, du juge de paix, du percepteur de la réunion dans laquelle est comprise la commune où réside le postulant et de deux habitants du canton désignés annuellement par le préfet parmi les administrateurs des bureaux d'assistance et des sociétés de secours mutuels ayant leur siège dans le canton.

Le sous-préfet, ou, à son défaut, le juge de paix, préside.

Pour l'arrondissement chef-lieu du département, le préfet délègue un conseiller de préfecture qui remplit, avec les mêmes pouvoirs, les fonctions apportenant au sous-préfet dans les autres arrondissements.

La Commission ne peut siéger valablement que si trois de ses membres assistent à la séance. En cas de partage des voix, celle du président est prépondérante.

Si la Commission n'est pas suffisamment éclairée par l'examen du dossier, elle peut procéder à une instruction complémentaire et notamment convoquer devant elle le postulant.

Elle prononce l'admission à l'assistance et fixe le montant des allocations qui doivent être attribuées à chacun d'après les bases déterminées par l'article 7 de la loi du 5 avril 1910. Elle dresse, en même temps que la liste des bénéficiaires, un état des personnes tenues à la dette alimentaire à l'égard desquelles elle estime que devrait être exercé le recours prévu par l'article 5 de la loi du 14 juillet 1905. Copies de cette liste et de cet état sont transmises sans délai, avec les dossiers, par le sous-préfet au préfet.

Avis des décisions est en outre immédiatement donné par la voie administrative à chaque postulant.

ARTICLE 5.

Pendant un délai de vingt jours à compter de la notification prévue à l'article précédent, le postulant peut adresser au Préfet, personnellement ou par mandataire, une réclamation à l'effet d'obtenir, selon les cas, son admission ou le relèvement de l'allocation qui lui a été attribuée. Il en est donné récépissé.

Le Préfet, sur le rapport du Sous-Préfet ou du Conseiller de préfecture délégué, peut réclamer la radiation d'une personne portée sur la liste par la Commission instituée en vertu de l'article précédent ou la réduction de l'allocation.

Le délai imparti au Préfet pour réclamer est de deux mois à compter du jour où la liste arrêtée par la Commission est parvenue à la préfecture.

La réclamation du Préfet a un effet suspensif.

ARTICLE 6.

Il est statué par décision motivée, dans le délai d'un mois, sur les réclamations prévues à l'article précédent, par une Commission établie au chef-lieu du département et composée du Préfet, du président du tribunal civil ou du juge par lui délégué, du trésorier-payeur général, du directeur des Contributions directes, du vice-président du conseil de préfecture, de deux habitants du département désignés annuellement par le Préfet parmi les administrateurs des bureaux d'assistance ou des sociétés de secours mutuels ayant leur siège dans le département. En cas d'absence ou d'empêchement, le trésorier-payeur général et le directeur des Contributions directes peuvent être remplacés respectivement par un délégué appartement à leur administration et spécialement désigné par eux à cet effet.

Le Préfet préside ; il peut déléguer le Secrétaire général de la préfecture pour le remplacer avec les mêmes pouvoirs.

La Commission ne peut siéger valablement qu'autant que quatre de ses membres assistent à la séance.

Le Président a voix prépondérante, en cas de partage des voix.

Toute réclamation du Préfet devant la Commission est notifiée à l'intéressé par la voie administrative, huit jours au moins avant la séance où elle sera jugée, avec indication du jour de cette séance, afin que le postulant puisse, en temps utile, présenter, s'il y a lieu, ses observations écrites.

ARTICLE 7.

Le Préfet donne, dans les huit jours, avis des décisions rendues au Sous-Préfet, qui opère sur la liste les additions ou les retranchements prononcés.

Ces décisions sont intégralement notifiées, par la voie administrative, aux postulants ; dans les vingt jours de la notification, ceux-ci peuvent les déférer au Ministre de l'Intérieur qui saisit la Commission instituée par l'article 8 du présent décret.

Le Préfet peut également, dans le délai de vingt jours à partir des décisions, les déférer au Ministre de l'Intérieur pour être soumises à la même Commission. Il notifie, par la voie administrative, ses réclamations aux intéressés avec invitation à produire, s'il leur convient, leurs observations en

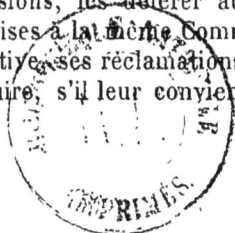

défense ; ces observations sont adressées au Ministre de l'Intérieur soit directement, soit par l'intermédiaire du Préfet qui les transmet alors immédiatement au Ministre en y joignant ses explications, s'il y a lieu.

Ces recours ne sont pas suspensifs.

ARTICLE 8.

Il est statué, en dernier ressort, par décisions motivées, sur les recours formés en vertu de l'article précédent, par une Commission siégeant au ministère de l'Intérieur et composée :

1° Des membres de la commission centrale instituée par les lois des 14 juillet 1905 et 30 décembre 1908 ;

2° De vingt autres membres désignés annuellement par le Ministre de l'Intérieur.

Cette Commission est présidée par le président de la commission centrale.

Le Ministre de l'Intérieur peut répartir la Commission en sections ; il peut attacher à la Commission ou à chaque section un ou plusieurs commissaires du Gouvernement et des rapporteurs ; ces derniers ont voix délibérative dans les affaires dont ils sont chargés.

Sous réserve des cas où l'affaire est évoquée soit par le commissaire du Gouvernement, soit par la section elle-même devant l'Assemblée générale, les sections peuvent statuer définitivement sur les recours spécifiés dans le premier paragraphe du présent article. Dans chaque section, et en assemblée générale, la voix du président, en cas de partage, est prépondérante.

ARTICLE 9.

Les Commissions instituées par les articles 4, 6 et 8 fixent le jour à dater duquel commencera la jouissance de l'allocation.

ARTICLE 10.

L'assistance est, sur la proposition du Préfet ou du Sous-Préfet, retirée par la Commission instituée en vertu de l'article 4, lorsque les conditions qui l'ont motivée ont cessé d'exister.

L'allocation est réduite dans la même forme en cas de survenance ou de découverte de ressources ; elle est augmentée à la requête du bénéficiaire, si les causes qui ont motivé une réduction viennent à cesser.

Les demandes en radiation, en réduction ou en relèvement de l'allocation mensuelle donnent lieu aux mêmes recours que les demandes d'admission.

ARTICLE 11.

Il est délivré chaque année aux bénéficiaires un certificat d'admission reproduisant les mentions essentielles de la décision accordant l'allocation.

Ce certificat, dont le modèle est déterminé de concert par les Ministres de l'Intérieur et des Finances, comporte douze quittances ou coupons de payement correspondant aux douze mois de l'année. Il est renouvelé après épuisement des quittances, sur la déclaration du titulaire attestant, dans la forme prévue pour la demande d'admission, qu'il n'est point assisté par application de la loi du 14 juillet 1905 et, en outre, que sa situation n'a éprouvé aucune modification susceptible d'entraîner la suppression ou la réduction de son allocation.

ARTICLE 12.

Les allocations sont payables aux titulaires mensuellement et à terme échu, sur la présentation du certificat d'admission. Les payements à effectuer entre les mains de mandataires donnent, seuls, lieu à l'établissement de certificats de vie qui sont produits aux payeurs.

ARTICLE 13.

Dans le département de la Seine, sauf Paris, la Commission siégeant dans chaque chef-lieu de canton et chargée de statuer sur l'admission des postulants, est ainsi composée : un conseiller de préfecture désigné annuellement par le préfet, président ; le juge de paix ; un percepteur désigné annuellement par le Ministre des Finances ; deux habitants du canton désignés comme il est dit à l'article 4 du présent décret.

A Paris, il est institué dans chaque arrondissement, pour statuer sur l'admission des postulants, une Commission composée du maire, du juge de paix, du secrétaire-trésorier du bureau de bienfaisance, d'un administrateur du dit bureau désigné annuellement par le Préfet de la Seine et de deux fonctionnaires désignés annuellement par le Ministre des Finances. Elle est présidée par le maire, ou, à défaut, par le juge de paix.

ARTICLE 14.

Dans le département de la Seine, la Commission prévue a l'article 6 comprend :

Le Préfet de la Seine, président, qui peut déléguer le Secrétaire général :

Trois conseillers de préfecture désignés annuellement par le Préfet de la Seine ;

Trois juges titulaires ou suppléants du Tribunal civil de première instance de la Seine, désignés annuellement par le Président du Tribunal ;

Six fonctionnaires désignés annuellement par le Ministre des Finances ;

Six habitants du département désignés annuellement par le Préfet de la Seine parmi les administrateurs des bureaux de bienfaisance ou d'assistance ou des sociétés de secours mutuels ayant leur siège dans le département de la Seine.

Si le nombre des affaires l'exige, la Commission peut être divisée, par arrêté préfectoral, en sections entre lesquelles sont répartis, proportionnellement à leur nombre, les représentants des diverses catégories énoncées ci-dessus.

Le mode de fonctionnement, tant de la Commission que des sections, est réglé par arrêté du Préfet de la Seine, soumis à l'approbation du Ministre de l'Intérieur.

ARTICLE 15.

Les bénéficiaires de l'article 7 de la loi du 5 avril 1910 sont inscrits sur un registre tenu à la Préfecture du département de leur résidence. Six mois avant le jour où ils doivent atteindre 70 ans, le Préfet prend les mesures nécessaires pour que chaque intéressé soit inscrit, s'il y a lieu, sur la liste des personnes à assister, par application de la loi du 14 juillet 1905, dès le jour où il atteindra cet âge et sans interruption.

A cet effet, il envoie le dossier au maire de la commune du domicile de secours, si l'ayant droit a un domicile communal dans son département ; au préfet intéressé, si l'ayant droit a un domicile communal ou départemental dans un autre département ; au Ministre de l'Intérieur, s'il est dépourvu de domicile de secours. La demande produite en exécution de l'article 1er du présent décret tient lieu de celle prévue à l'article 7 de la loi du 14 juillet 1905 et est soumise à l'instruction prescrite par ladite loi.

ARTICLE 16.

Le Ministre de l'Intérieur et des Cultes, le Ministre des Finances et le Ministre du Travail et de la Prévoyance sociale sont chargés, chacun en ce qui le concerne, de l'exécution du présent décret qui sera publié au *Journal Officiel* et inséré au *Bulletin des Lois*.

Fait à Paris, le 24 mars 1911.

A. FALLIÈRES.

Par le Président de la République :

Le Président du Conseil,
Ministre de l'Intérieur et des Cultes,
MONIS.

Le Ministre des Finances,
CAILLAUX.

Le Ministre du Travail
et de la Prévoyance sociale,
J. PAUL-BONCOUR.

Allocation mensuelle de base.

TABLEAU PAR DÉPARTEMENT DES TAUX MINIMUM ET TAUX MAXIMUM.

DÉPARTEMENTS	TAUX D'ALLOCATION MENSUELLE		DÉPARTEMENTS	TAUX D'ALLOCATION MENSUELLE	
	Minimum	Maximum		Minimum	Maximum
Ain.	5	20	Aveyron..	5	20
Aisne.	8	20	Bouches-du-Rhô-		
Allier.	5	20	ne.	8,50	20
Alpes (Basses).. .	5	15	Calvados. . . .	5	20
Alpes (Hautes): .	5	20	Cantal.	5	20
Alpes-Maritimes. .	12,50	20	Charente. . . .	5	20
Ardèche.. . . .	5	20	Charente-Inférieu-		
Ardennes. . . .	5	24,50	re.	5	20
Ariège.	5	15	Cher.	5	20
Aube..	5	20	Corrèze.	5	15
Aude..	5	20	Corse..	5	20

DÉPARTEMENTS	TAUX D'ALLOCATION MENSUELLE		DÉPARTEMENTS	TAUX D'ALLOCATION MENSUELLE	
	Minimum	Maximum		Minimum	Maximum
Côte-d'Or. . . .	5	20	Meuse.	5	20
Côtes-du-Nord. .	5	20	Morbihan. . . .	5	12
Creuse.	5	20	Nièvre.	5	20
Dordogne. . . .	5	16	Nord.	5	20
Doubs.	5	20	Oise.	5	20
Drôme.	5	20	Orne.	5	20
Eure.	5	20	Pas-de-Calais. . .	5	20
Eure-et-Loir. . .	10	20	Puy-de-Dôme. . .	8	15
Finistère. . . .	5	20	Pyrénées (Basses).	5	10
Gard.	5	20	Pyrénées (Hautes).	5	10
Garonne (Haute)..	5	20	Pyrénées-Orienta-		
Gers.	5	20	les.	5	20
Gironde.	5	20	Rhin (Haut) partie		
Hérault.	5	20	française.. . . .	5	8
Ille-et-Vilaine.. .	5	20	Rhône.	10	10
Indre..	7,50	20	Saône (Haute).. .	5	20
Indre-et-Loire.. .	5	20	Saône-et-Loire. .	5	20
Isère.	5	20	Sarthe.	10	20
Jura.	5	20	Savoie.	10	20
Landes.	5	20	Savoie (Haute). .	5	20
Loir-et-Cher. . .	5	20	Seine..	14	30
Loire..	10	20	Seine-Inférieure.. .	5	25
Loire (Haute). . .	5	25	Seine-et-Marne. .	5	20
Loire-Inférieure..	5	15	Seine-et-Oise. . .	5	25
Loiret.	10	25	Sèvres (Deux).. .	5	20
Lot.	5	20	Somme.	5	20
Lot-et-Garonne. .	5	20	Tarn.	5	20
Lozère.	5	15	Tarn-et-Garonne..	5	11
Maine-et-Loire. .	5	8	Var.	5	20
Manche.	5	20	Vaucluse. . . .	5	20
Marne.	5	20	Vendée.	5	16,50
Marne (Haute).. .	5	20	Vienne.	10	15
Mayenne. . . .	5	20	Vienne (Haute). .	5	20
Meurthe-et-Mosel-			Vosges.	5	20
le.	5	20	Yonne.	10	20

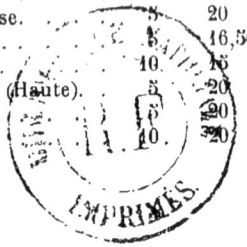

CHARTRES. — IMPRIMERIE DURAND, RUE FULBERT.

www.ingramcontent.com/pod-product-compliance
Lightning Source LLC
Chambersburg PA
CBHW050432210326

41520CB00019B/5895